AF174517

DESDE MARTE CON AMOR

Zoraida Sánchez

EDITORIAL

Poesía...
eres tú.

Desde Marte con Amor

Primera Edición 2024

© *Zoraida Sánchez 2024*
© *Foto portada: Luis Adern*
© *Foto contraportada: Domingo Borges*

© *Editorial Poesía eres tú.*
https:// poesiaerestu.com
C/Dr. Fleming Nº50, 4ºD
28036 Madrid
Teléfono: 34 91 999 13 12

ISBN: 978-84-18893-82-7
Depósito Legal: M-22694-2024

DESDE MARTE CON AMOR

ZORAIDA SÁNCHEZ

Para todos aquellos que estuvieron en Marte
y han conseguido volver por sus propios medios.

1. Yo soy yo

Yo soy yo
y mis canas.
Y mis largos paseos por calles extranjeras.
Yo soy yo
y soy la ciudad entera floreciendo a cada paso bajo mis pies
descalzos, mis fantasmas
eternos
y mis ganas perpetuas
y mis cambios constantes
y mis hijos a ratos
y hermanos que se vienen
y adioses por doquier.
Yo soy yo
y el agua en la pecera
y el viento en el tejado
y el fango en el jardín…
los dioses del Olimpo caídos en la Tierra…

Yo
soy
yo
y mi miedo a que no me améis.

2. Teñida de ti

Llevo dos días teñida de ti, pero se me antojan ya
dos eternidades.
Dos días teñida
de tu dulce recuerdo,
de tu amor a distancia,
de tu ausencia presente.
Dos días
imaginándote,
evocando tinieblas de alcanfor,
flores en los ciruelos,
ríos interminables...

Algún día, marinero, romperán tus aguas en mi puerta,
mis orillas en tus soledades.
Dejarás tu barco amarrado al muelle de la madrugada,
tocarán mis violines la primavera.
Seremos fuego y frío, canción, mar en calma, tormenta
perfecta, marea llena, caracolas gigantes, giratiempos que
devuelven el sentido.

Algún día, grumete, mi cuerpo andará cubierto de salitre
y tu corazón plagado de pinzas y de ropa seca.

Entonces, lo sé, te marcharás despacio.
Y te añoraré (doblando esquinas)
otros 10.000 km. más
y otros 50 años.

3. (des)Nudos

Voy a atarte a la cama y voy a soltarte
una sarta indecente de obscenidades.
Todas ellas en verso, muy estudiadas,
repletas de poesía y barrabasadas.

Que me gusta tenerte tan impaciente,
con ganas de leerme, tan refulgente
como estrella del cielo, tan encendido
que la noche enterita sueñes conmigo.

Que quedes en la cama cual libro abierto,
que mi pluma sublime tus desperfectos,
escribirte despacio por toda el alma
canciones que se ahogan en mi garganta.

Y al final de la noche, muy lentamente,
con crujientes poemas de pan caliente,
empaparme en tu tinta, soltar tus lazos,
tatuarte en mi vientre con tus abrazos.

4. Respiras

Respiras dentro de mí.
Me ensanchas los pulmones.
Aprietas con tus endebles manos el hígado,
el bazo,
las ganas de llorar.

Te mueves dentro de mí
en un crepúsculo de caricias,
en la densidad de mis emociones,
en un intento imposible de no ser tú.

Me retuerces por dentro
en un ejercicio constante de inmediatez,
llevándote gotas de mí
y devolviéndome la vida.

Aún no te has dado cuenta

y cada vez que me respiras,

me das el aire que me falta.

5. Como por encargo

Se congela el tiempo.

Quedamos suspendidos
en esta puesta de sol interminable, ocaso que se alarga.
De cien en cien años se oye
una ola que rompe,
borrando las pisadas que hemos dejado en la arena.

Me miro dentro de tus pupilas
intentando descubrirte,
descubrirme,...
ver proyectado el reflejo de mis propias emociones.

Contengo la respiración.
La paz me invade en esta quietud
de mil planetas encendidos.
No hay estrellas en el cielo, pero sí en el fondo del mar.

¡Menos mal que existe el viento que me avisa para que no me
deshaga y desaparezca con un soplo fresco disuelta entre
pinceladas de nubes!
Menos mal que tengo un cuerpo
que me separa del mundo.

....

Hay tres mil millones de años metidos dentro
de los tres segundos que han pasado
desde que te dije:
"Te quiero".

6. Natillas, mentiras

Tus labios tejen largas mentiras en una carrera sin fin.
El día a día superpone una tras otra,
como las capas de una tarta de natillas, mentira,
galletas, mentira,
natillas, mentira…

Me las trago todas
así,
deliciosamente condimentadas.
Las engullo dulcemente
sin recelo siquiera de empalagarme.

Me visto con ellas.
Las saco a paseo como complementos de moda,
ingenuamente,
cerrando los ojos a la evidencia.
Incluso cuando la respiración se me entrecorta,
ahogada por la ansiedad, la calman
los suaves hilos de tu punto:
dos del derecho,
tres del revés.

Me mantienes infinitamente ocupada llevando la cuenta de
cuántos puntos y capas te faltan para acabar tu tarea infinita
que nunca llega a su fin:
metro tras metro,
capa tras capa,
montañas de ropa
y pisos de tarta.

No vaya a ser que me pare a mirarme y me dé cuenta
de que yo ya no soy
yo,
de que estoy redormida en esa trampa caliente de dulces y
trajes y
esperas y
angustias.

Que el problema soy yo, que soy muy sentida
y dudo de todo.

Y me estás encerrando
en cada puntada de tus certezas,
en ese horno llamado hogar,
en la morfina de tus abrazos.

Día a día.

Segundo a segundo.

Indefinidamente.

*El príncipe duerme a la princesa en una torre mal llamada
seguridad.*
¿La princesa despertará el día en que se bese a sí misma?

7. Te gustaba más

Te gustaba más
cuando eras alguien con quien no podía competir. Te gustaba
esa mezcla dulce de vulnerabilidad y silencio.

Te gustaba entretenida.
Te gustaba controlada
entre los fuegos de la hornilla.

Te gustaba más vista desde lejos.
Te gustaba con las uñas cortas,
encerrada en la alcoba,
entre mares de dudas.

Te gustaba a ratitos,
que bailara a tu ritmo,
tenerme en la pecera.

Te gustaba que no limpiara la vitrina de las alas cortadas.
Te gustaba más
cuando no te suponía una amenaza.

Te gustaban los paisajes urbanos,
animales domésticos,
los bosques enmarcados.
¡Has hecho tantas presas para este torrente inabarcable!

Te gustaba más
cuando rompí la punta de mi lápiz...
porque desde que encontré el afilador tienes un miedo terrible
de que ya no te necesite
para escribirme versos.

8. Coexistimos

Coexistimos.
Pero tú estás en un mundo tan lejano al mío que hablamos en
otros lenguajes, en
otros universos.

Tú vas en un cohete moderno y lo mío no llega apenas
a guagua de prestado. Nuestros planetas no se tocan.

Intentas explicarte en un absurdo empeño de acercarme a tus
sueños. Los miro, desde lejos, como pompas endebles que
apenas entiendo.
Y sonrío.

Para ser amable, que es mi única opción.

No vengas a decirme que un día nos quisimos,
que no te conozco,
que no sé quién eres,
que yo como solo.

Que mastico tu ausencia y ya ni siquiera tengo un nudo en la
garganta,
ni guardo rencor.

Sólo deseo que tengas buen vuelo,
que vaya bonito,
que vivas lo tuyo.

Pero no me mires como si algún día nos hubiéramos conocido.

Que mis arrugas son tuyas.

Y ni tú ni yo somos los mismos,
ni puedo vislumbrar la dirección incierta de nuestros pasos.

9. Marte

Desde pequeños les decía:
la vida es injusta.
La frustración es un río lento de aceite de quemar.
Pasan cosas.
Pasan cosas cada día.
Siempre mirando adelante, siempre con fuerza.

También hay momentos de gritar:
No
Por qué
Ya está bien
Qué sentido tiene
Momentos en los que el piloto pierde definitivamente el
[control
y no es capaz de llegar a amerizar en el río Hudson.
Desastre nuclear.

Y mañana volver de Marte otra vez y retomar
un estilo sano de vida, miradas de ascensor, vacíos en la
[nevera,
notas rasgadas de acordeón.
Es lo que toca.
Pegar los pedacitos.
Recuperar la risa y empezar sin miedo.

10. Arrancándote

Hasta que mi piel expulse todo tu sudor,
hasta que mis ojos se olviden de tu figura,
hasta que mi carne deje de oler a ti,
no descansaré tranquila, no me habré librado de tu yugo.

Me beberé todo el mar para que la sal
queme por dentro mi cuerpo.
Me bañaré sólo en vino para que el exceso de alcohol
limpie mis heridas.
Mortificaré mis músculos todos hasta que el dolor
se desprenda exhausto de mis lágrimas.
Visitaré mil infiernos hasta que el fuego
abrase todas mis cuitas
una a una,
tira a tira...
Bailaré en cada precipicio
mirando mi caída, sabiendo
que ya he muerto de antemano.

Y en esa carrera frenética a cámara lenta,
de repente, montañas de redes pescadoras salen a mi paso
y me sostienen. Botes salvavidas
en cada edificio.
Hilos de la ropa que van de ventana
a ventana tejiendo
la red elástica que consigue
impulsarme de nuevo al trapecio, mi vuelta al circo.

La sombrilla del payaso me protege de la lluvia y me ayuda
a mantener el equilibrio en la cuerda floja. Acabaré la función
riéndome a carcajadas de todo en lo que un día creí.

11. La niña linda

Cada mañana
la niña linda se asoma a la ventana.
Cose despacio sus lágrimas
a las ráfagas de viento que la acunan.
Plancha sus penas
y alisa con cuidado sus suspiros, cada mañana. Camina
por la casa.
Pone alfileres aquí y allá para sostenerlo todo.
Y cuando llega la noche,
sus largas pestañas bordan sueños en la almohada…

Y en sueños canta:
"Tengo una aguja clavada en el fondo del alma.
Con ella me cosí".

12. Volver a casa

Como las maletas.
Monedas de cambio.
Te toca, me toca,
te tocaba a ti.
Es mucho trabajo.

Necesitaba tanto
llegar a casa,
cerrar los ojos,
respirar ese aroma a dulce de membrillo,
estar detrás de la puerta, lejos de todo,
sentarme en el suelo…

Necesitaba volver a ver tus cuadros,
las luces fuera,
el lento caminar de las estaciones,
todos tus cachivaches,
los libros viejos,
el tacto irregular de la madera…

Necesitaba no pensar.

Necesitaba coger un respiro.

Necesitaba los ruidos comunes,
las puertas desvencijadas,
la sensación de útero abierto,
acurrucarme en el sofá…

Ya está.

Ya puedo enfrentarme al mundo de nuevo.

Ya está.

13. Mariposario

Yo quiero en el pecho un cartel que ponga "mariposario".
Y luces brillantes como diamantes.
Yo quiero un cuerpo teñido de risas.
¿Y mis labios? Del color de la fruta del dragón.
Quiero tener las palmas de las manos llenas de besos.
Para repartirlos al aire como reina maga.
Y alas en los ojos y aprenderlo todo...

Yo quiero pulmones más desarrollados
para respirar la vida toda en una sola bocanada.
Y una bicicleta con la que volar.
Y que, desde mi ventana, esté donde esté, se vea el cielo azul.

Yo quiero
que toda la gente que quiero ponga la mano en el fuego por mí
y salgan ilesos,
ardiendo en deseos de soñar verdades.
Y que se quede una llamita prendida en sus ojos para siempre
jamás. Y yo bailando dentro.
Y todos juntos metidos en la bóveda dorada de una guitarra
gritando "otra, otra" para que nunca nunca se acabe la fiesta.

Yo quiero muchas cosas,
pero sobre todo quiero
no olvidarme ningún día del año (de los años lentos que formen
mi vida),
no olvidarme nunca
de que tengo en el pecho un mariposario.

14. Imaginarte

De ti nada más que me queda
imaginarte.

Entre los olivos corretean los chiquillos,
las naranjas con aceite se deshacen en mi boca
y chorros de sandía resbalan impunes hasta las piernas.

Llegan bandadas de olores claros,
luz que deslumbra,
verdes amagos de despertares tardíos,
sombra de la parra,
tiempo detenido
y risas manchadas de juventud.
Las bicicletas te hacen honores
mientras los valses de madrugada saben a mar.

Tantas veces jugamos entre tus montes
que ardo en deseos de sentirte entre mis huesos
ensamblando fantasías con recuerdos.
Y tú, zalamero, te haces el dormido.
Como si te diera pereza llegar o despedirte
te contoneas roneando alrededor de la hoguera con un aire
juguetón.
Pues sí, ya lo sabes, siempre has sido mi preferido, mi punto
flaco.
No tengo duda alguna al elegirte.
Los días de la niñez están hechos de verano.

15. Igual que yo

Sólo quería capturar un instante,
igual que yo.
Sólo quería dibujar la música
que se me enroscaba por los brazos
como una enredadera;
inmortalizar la atmósfera
cálida, acogedora, de un amarillo apagado,
el aire denso que se convertía en gelatina,
la dulzura de las risas, que lo inundaba todo.

Sólo quería hacer una obra de arte,
igual que yo.
Perdurar más allá del tiempo finito,
esculpir un recuerdo que englobe todo,
tocar con su click la fuente de luz de la que bebe el arte
y dejar allí su huella indeleble, fuerte, imborrable…
Malear la conciencia.
Tambalear los sentidos.
Ser imprescindible en la memoria de alguien.
Convertirse en un virus
de belleza extrema
que dilapidara el dolor del mundo.

Sólo jugaba a ser dios,
igual que yo…
Engendrando en las venas suspiros colectivos,
preñado de alboroto y de ternura,
resplandeciente de dolores y grandezas,
de sueños quebrados,
de antiguas promesas de lujuria…

Sólo quería serlo todo y encontrarse,…
…igual que yo…
Y quedamos en caminos paralelos,
compartiendo cama a ratos,
destilando retazos de esos miedos
y buscando los barrotes que creímos necesarios.
Con una única certeza común:
que el arte sublima el dolor y lo cura a golpes de belleza.

16. ESTAR

A veces quisiera salirme de mi cuerpo
y poder volar a mundos lejanos
que no me corresponden...
deshacerme de mis miedos, que no son míos,
y entregarme por completo
al cosmos infinito y refulgente...

dejar atrás las circunstancias dadas...
y brillar en una estela de destellos desbocados...

olvidar las formas del pasado y
dibujar en el cielo senderos que huelan a nuevo, sin estrenar...

No sentir el peso de los días
ni de la atmósfera
ni el frío ni el calor
ni el hambre ni la ansiedad
ni el dolor ni las cosquillas.
Deshacerme despacio entre la niebla,
ser arrastrada por el viento,
descansar del tiempo y de las cosas,
ser un ente fútil fuerte
que pulule fugaz y dulcemente...

A veces quisiera salirme de mi cuerpo y
sólo
ESTAR.

17. y FIN

Al final de todo, ¿qué me quedó?
Un par de canciones, besos de amor,
nostalgia de eso que no fue,
lágrimas perdidas en el ayer.

Al final de todo, ¿qué me quedó?
Palabras vacías, desolación,
soledades que hubo que ocupar,
algunas alegrías, las ganas de amar.

Al final de todo, planes de futuro,
castillos en el aire, todo lo que no se pudo.
Al final de todo, risas en el viento,
la brisa traviesa jugando con el pelo suelto.

No sé por qué vienes aquí
con la obligación de ser feliz.
No te llevas nada, quédate sólo lo puesto.
Si miras a tu alrededor
verás que todo tiene color,
una luz azul que te ilumina desde dentro.

Al final de todo, ¿qué me quedó?
Sartas de poemas, rayitos de sol,
ilusión, belleza, la falta de fe,
miradas lejanas, ganas de aprender.

¿Al final de todo?, la oscuridad,
las mañanas frías, nadie alrededor,
el viento en la cara, esa decepción,
algunos abrazos, la calma del mar.

18. Destellos

Hay destellos de luna invisibles al ojo humano.
Porque somos limitados, nuestros sentidos no captan todo
y la verdad es un mosaico de espejos que se extiende más allá
del universo conocido.

El tiempo es
una línea infinita que cabe dentro de tu ombligo, Amor.
Y por eso la rebelión empieza por uno mismo
y continúa en espiral hacia su centro.
La línea es una sucesión de puntos convenientemente
organizados. Llega hasta mí la luz de estrellas muertas hace
2.000 millones de años. Y puedo verla.
¿Y es real?
¿Nos ven a nosotros 2.000 años más tarde en alguna galaxia?
¿Existe lo que toco porque lo toco?
Mirando desde el más allá no existe el dolor ni la alegría
y todo permanece aparentemente quieto...

Las convulsiones
son sólo
alucinaciones
del momento presente.

ÍNDICE